MARIAGE

DE

M. LOUIS-LUCIEN BACLÉ

Ancien Elève de l'Ecole Polytechnique
et de l'Ecole des Mines,

Inspecteur au chemin de fer du Nord,

AVEC

MLLE ANNA LEDUC.

27 MAI 1878.

Aimez-vous l'un et l'autre.
Soyez bons l'un pour l'autre.
S. Paul.

BEAUVAIS

Typographie D. PERE, rue Saint-Jean.

1878.

MARIAGE

DE

M. LOUIS-LUCIEN BACLÉ

Ancien Elève de l'Ecole Polytechnique
et de l'Ecole des Mines,

Inspecteur au chemin de fer du Nord,

AVEC

MLLE ANNA LEDUC.

27 MAI 1878.

Aimez-vous l'un et l'autre.
Soyez bons l'un pour l'autre.
S. Paul.

BEAUVAIS

Typographie D. PÈRE, rue Saint-Jean.

1878.

Le lundi 27 mai 1878 toute la population de Fresneaux-Montchevreuil était en mouvement et en liesse ; partout ce n'était que fleurs et décorations verdoyantes. Tout le monde tenait à donner cette marque de sympathique affection au jeune couple heureux qui allait échanger devant Dieu ses serments d'amour et de fidélité ; tout le monde voulait fêter dignement le mariage de M. Louis BACLÉ, d'Auteuil, ancien élève de l'Ecole Polytechnique et de l'Ecole des Mines, actuellement Inspecteur du matériel au chemin du Nord, fils de l'honorable Conseiller d'arrondissement du canton d'Auneuil, avec Mlle ANNA LEDUC, de Fresneaux.

Les jeunes fiancés, pour se rendre à la mairie et à l'église, étaient accompagnés d'un nombreux cortège, dans lequel on remarquait M. de Wissocq, Ingénieur de la Compagnie du Nord, et plusieurs Inspecteurs de la même Compagnie, l'honorable M. Daudin, plusieurs Ecclésiastiques des environs, le Frère Eugène, Directeur de l'Institut agricole et des Frères de Beauvais, avec un certain nombre de ses élèves, et les notabilités agricoles des pays circonvoisins. M. le Comte d'Auteuil, retenu pour cause de santé, s'était fait excuser, ainsi que M. le Marquis de Mornay, obligé de présider à Lyon l'ouverture d'un concours hippique. La fanfare de l'Institut des Frères, de Beauvais, ouvrait la marche et jouait les plus beaux morceaux de son répertoire.

L'église était toute parée et ornée comme pour les plus grands jours de fête. Avant de bénir l'union des jeunes époux, M. l'abbé Desmarest, curé de Miserey (Eure), parent du fiancé, leur adressa une allocution touchante. Il leur disait :

MON CHER COUSIN, MADEMOISELLE,

Le Dieu qui console et bénit nos douleurs consacre et bénit aussi nos joies quand nous venons les rapporter à sa bonté comme à leur source naturelle et pure. C'est bien là assurément votre pensée en vous présentant, entourés de vos familles et de nombreux amis, au pied de cet autel, afin d'implorer la bénédiction de Dieu sur cette union qu'il vous a inspiré de contracter. Elevés, l'un et l'autre, à l'école de la foi, persuadés que la religion doit présider à tous les grands actes de la vie, puisqu'elle seule a les consolations du temps présent et les promesses de la vie future, vous venez, en présence de Celui qui est la vérité même, vous jurer cette foi que vos cœurs se sont déjà promise et que des engagements solennels vont rendre inviolable et sacrée comme le Dieu qui va la recevoir.

Le mariage, vous le savez, a une institution toute sainte, et Dieu, dès le commencement du monde, l'a spécialement honoré quisqu'il a voulu le bénir lui-même. C'est un contrat élevé par le Sauveur à la dignité de Sacrement de la nouvelle loi, et qui, enrichi des dons spirituels de la grâce, a la vertu de sanctifier les personnes qui y sont appelées et de leur procurer les secours nécessaires pour remplir fidèlement les grandes obligations qui leur sont imposées. Car vous ne l'ignorez pas, si l'état de mariage a ses consolations et ses joies, il apporte aussi de grands devoirs à remplir; et parfois, il faut bien le dire, l'avenir le plus fortuné et le plus prospère renferme dans son sein quelques instants de peine ou d'épreuve. C'est là la condition de notre pèlerinage sur la terre, où le ciel n'est jamais sans nuages et la vie sans larmes. Et cependant c'est avec une confiance calme et assurée que nous vous voyons échanger ces promesses solennelles qui vont unir, d'une manière irrévocable, vos destinées futures. Oui, tous nous espérons que Dieu, qui va recevoir vos serments pour les ratifier et les bénir, sera lui même votre guide et votre protecteur dans cette nouvelle voie où vous vous engagez.

Vous y marcherez sûrement, sous les regards du Seigneur, parce que vous lui serez toujours fidèles et que sa loi sainte sera le premier objet de votre sollicitude.

Vous, mon Cousin, vous aimerez votre épouse comme une compagne que Dieu vous a donnée, toujours uni à elle, d'esprit et de cœur, vous serez son guide et son conseil, vous serez sa force et son appui, comme elle sera votre charme et votre trésor. Et tous ces sentiments vous les trouverez naturellement dans votre cœur, si sensible et si bon; dans l'intelligence si heureuse et si rare que Dieu vous a donnée, qu'il a dirigée par sa grâce et qu'il a encore enrichie des dons de la science la plus belle et la plus variée. Vous les trouverez encore dans ces principes de délicatesse, d'honneur et de foi chrétienne que vous avez puisés au sein de votre famille, près de vos bons parents qui vous en ont donné les plus beaux exemples.

Et ici, permettez-moi encore un mot, mon cher Cousin ; j'ai trop de bonheur à le dire : Vous avez été le plus obéissant, le plus dévoué, le plus tendre des fils. Au sein de vos brillantes études, il semblait que votre seule ambition était de faire plaisir à vos bien aimés parents, et votre amour pour eux a adouci bien des douleurs cruelles. Vous avez été bon fils, vous serez bon époux. Vous remplirez vos nouvelles obligations avec constance et courage, comme vous avez accompli avec tendresse et dévouement les devoirs, bien doux à votre cœur, de la piété filiale. Et c'est ainsi que la religion conservera et augmentera en vous les vertus qui peuvent assurer sur la terre le bonheur que vous méritez et que tous nous demandons bien sincèrement pour vous.

Et de votre côté, Mademoiselle, tout ne nous donne-t-il pas l'assurance qu'il vous sera permis de couler en paix des jours heureux auprès de celui que votre cœur a choisi pour le soutien et le protecteur de votre vie. Cette paix de l'âme, qui est le plus précieux de tous les biens, ce dévouement constant à tous les devoirs, cette affection du cœur, qui vous fera aimer et respecter l'époux que le Ciel vous donne aujourd'hui, vous avez appris, et je le dis ici avec joie, à les puiser dans la pratique de la piété chrétienne. Vous aimerez votre époux comme votre chef et votre ami ; vous répondrez à ses soins par vos attentions à lui plaire ; vous partagerez ses travaux et ses peines comme il partagera les vôtres, et votre aimable concours les lui rendront doux et supportables. Nous en avons pour garants et votre éducation aussi solide que brillante, et ces sentiments vertueux que vous avez puisés dans cette douce et sainte maison de Beauvais, où se sont écoulées les premières années de votre jeunesse.

Que votre bon père, dont jusqu'ici vous avez été la joie et le bonheur, ne se trouble pas. Il trouvera toujours en vous une fille bien chérie et il aura pour l'aimer encore un fils plein de respect et de dévouement.

Le passé nous répond donc de l'avenir, et ces pieux exemples que, jeune fille, vous avez donnés à vos compagnes, vous les continuerez pour la consolation et la félicité de ceux qui vous entourent.

Ce sont là les vœux que tous ici, vos parents bien aimés, ces ministres du Seigneur, premiers guides de votre enfance, ces personnes distinguées dont la haute situation et l'extrême bienveillance commandent notre respect, et qui ont voulu, en cette circonstance, vous donner un témoignage de leur affectueuse sympathie, tous enfin vos amis les plus dévoués, adressent au Ciel pour le bonheur de votre union.

Nos prières, je n'en doute pas, seront favorablement écoutées, car nous ne sommes pas seuls. Des anges que nous regrettons toujours s'unissent à nous ; plus près du cœur de Dieu, elles vous obtiennent la consolation et l'espérance pendant les jours de la séparation. Car à vous, Mademoiselle, elles vous donnent une mère pleine de tendresse et de bonté qui confondra dans un même souvenir, dans un même amour, et l'enfant que le ciel lui a demandée et la fille que Dieu lui a rendue.

Et vous, mon Cousin, vous retrouvez une amie douce et fidèle dont le plus grand bonheur sera de faire le vôtre.

Quant à moi, plein du souvenir des nombreuses et affectueuses relations qui m'ont permis d'apprécier les bonnes qualités de votre âme, c'est avec un veritable bonheur que je remplis aujourd'hui le ministère qui m'a été confié par le vénéré pasteur de cette paroisse. Et c'est de tout cœur que je demande à Dieu de vous faire accomplir heureusement les jours qu'il vous a destinés sur la terre pour vous retrouver dans les joies inaltérables, de l'immortelle et céleste patrie.

Pendant la messe, on entendit de la bonne et bien belle musique. D'abord ce fut la maîtrise de l'église, orphéon local formé et dirigé par M. le curé, qui exécuta avec beaucoup de goût des morceaux fort difficiles. Puis ce fut la fanfare de l'Institut des Frères et les habiles et sympathiques artistes que le Frère Eugène, ami des deux familles, avait amenés pour donner un éclat inaccoutumé à cette solennité. Avec quel plaisir n'avons-nous pas alors entendu et ce charmant prélude de Bach avec piano, orgue, flûte et clarinette, et la cavatine d'Ernani, de Verdi, et l'*Agnus* de Schwartz, et l'*Ave Maria* de Neukomm, délicieux duos si bien dits et si parfaitement interprêtés. Il y avait vraiment de quoi faire jubiler les dilettanti.

A la sortie de l'église, les jeunes filles de Fresneaux présentèrent gracieusement un bouquet aux jeunes époux et leur firent leurs compliments.

MADAME, MONSIEUR,

C'est avec le plus grand empressement que nous venons, en ce beau jour, vous présenter nos sentiments respectueux.

Une voix plus pathétique et plus autorisée que la nôtre devrait dire à Monsieur votre Mari que vous allez laisser un grand vide dans notre village, où vous continuiez, par votre charité, par vos grandes qualités, les bonnes traditions de votre très honorable famille, où à l'exemple de votre excellent père, dont la grande modestie laisse à peine entrevoir le mérite et le savoir, vous appliquiez si bien ce précepte de l'Evangile : Quand vous donnez, que votre main droite ne sache pas ce que fait votre main gauche.

Votre cœur n'a rien non plus à envier à celui de votre mère regrettée, dont le souvenir est toujours cher aux habitants de Fresneaux et vit toujours dans l'âme des pauvres.

Qu'il nous soit maintenant permis, Monsieur, Madame, de ne pas laisser passer ce jour, où, devant l'autel, vous avez contracté les doux liens de l'hymenée, sans vous adresser nos vœux et nos souhaits pour votre bonheur et votre félicité.

Que la Providence entoure votre union d'une protection toute spéciale ; qu'elle tisse votre vie d'une longue suite de joies ; qu'elle éloigne de votre toit tout ce qui pourrait assombrir vos âmes.

Ces fleurs que nous vous présentons sont le gage de nos souhaits ; daignez les accepter, elles vous rediront ce que nos cœurs sentent et pensent.

Et tout le cortège, précédé par la fanfare de l'Institut qui jetait aux échos de Montchevreuil ses notes les plus éclatantes, s'en fut accepter chez M. Leduc un joyeux déjeûner.

L'après-midi, la noce, avec ses nombreux équipages, prit le chemin de Saint-Quentin-d'Auteuil, où elle devait passer le reste de la journée. Le soleil avait bien voulu, ce jour là, se mettre de la partie et, moins maussade que les jours précédents, il répandait à profusion ses rayons étincelants. La route fut une véritable marche triomphale. Partout on se pressait sur le passage du cortège pour témoigner sa sympathie aux deux jeunes époux et à leurs familles. A Berneuil, les autorités municipales et la compagnie des sapeurs-pompiers reçoivent les époux sous un magnifique arc-de-triomphe et les complimentent dans les termes les plus chaleureux.

MADAME, MONSIEUR,

La joie de ceux que l'on estime et que l'on aime est communicative. Aussi, en apprenant que votre très-honorable famille était en fête, les sapeurs-pompiers de la commune de Berneuil ont eu la pensée de se réunir pour applaudir à votre bonheur et affirmer publiquement leur respectueuse sympathie. Dans une circonstance récente, nous avons eu à cœur de témoigner des sentiments qui nous animent pour l'élu du canton au Conseil d'arrondissement.

Nous nous estimerions heureux, aujourd'hui, si vous vouliez bien agréer notre démarche comme un encouragement à marcher sur les traces de Monsieur votre Père et comme une preuve de la stabilité de nos sentiments. Vous pourriez alors être assurés que notre concours le plus dévoué est acquis à Monsieur Baclé et à sa famille.

Veuillez, Madame, accepter ce bouquet de notre main en signe d'amitié.

Vivent donc les jeunes époux !

Vive M. Baclé !

Et cette belle compagnie de sapeurs-pompiers escorte toute la noce jusqu'à la limite de son territoire.

A Auteuil, c'est bien autre chose, ce ne sont que fleurs, qu'arcs-de-triomphe aux décorations verdoyantes et aux sympathiques devises, ce ne sont que grands mâts pavoisés. A l'entrée du village, MM. les membres du Conseil municipal tiennent à souhaiter la bienvenue à la nouvelle fille de leur honorable Maire, et l'accueillent par ces paroles délicates :

MADAME,

Le Conseil municipal, au nom de la commune d'Auteuil, s'empresse de venir vous souhaiter la bienvenue.

Ce jour de fête comptera parmi les plus beaux de votre vie. Dieu, en vous unissant à celui que votre cœur a choisi, vous redonne une mère et à cette mère il rend une fille.

Soyez heureuse, Madame, car votre bonheur comprendra celui de votre époux que nous aimons tous et dont nous apprécions tout le mérite.

Que Dieu vous comble tous deux de ses faveurs, vous en êtes dignes.

Qu'il vous soit donné ici-bas de jouir de l'affection de ce pays et de goûter les pures et douces joies de la famille pendant tout le cours d'une longue suite d'années !

La fanfare d'Auteuil complimente à son tour le jeune époux, son Vice-Président, en lui remettant les insignes de sa dignité.

MONSIEUR,

Nos cœurs reconnaissants saisissent avec joie le jour qui couronne vos vœux pour venir vous exprimer les sentiments de notre gratitude.

Sincèrement attaché à notre Société, vous l'avez de nouveau honorée en acceptant les fonctions de premier Vice-Président, et vous avez voulu ainsi nous continuer l'estime que nous ont toujours accordée les membres de votre famille, dont les bienfaits et les encouragements sont et seront toujours présents à notre mémoire.

Nous vous remettons aujourd'hui l'emblème de la Société et nous vous prions de l'accepter comme étant le symbole de l'attachement que nous voulons toujours vous porter et de l'ardent désir que nous avons de vous voir constamment à notre tête.

Et vous, Madame, permettez-nous de vous exprimer le bonheur que nous goûtons en vous voyant unie à notre digne Vice-Président. L'époux que vous vous êtes choisi est digne des bontés de votre cœur, et les qualités qui le distinguent vous répondent de sa continuelle et inaltérable affection.

Soyez assez bonne, Madame, pour accepter les vœux que le corps de musique forme pour votre bonheur dans la nouvelle carrière où vous venez d'entrer.

Et tout le cortège traverse la grande rue du village, ornée et pavoisée, escorté par la fanfare qui joue ses plus beaux airs.

Au hameau de Saint-Quentin, où se trouve la belle exploitation agricole de M. Baclé, à l'entrée de la rue qui y conduit, s'élevait un splendide arc-de-triomphe où sont encore arrêtés les époux. Un jeune enfant les complimente au nom de tous les habitants du hameau, tandis que des petits anges aux blancs vêtements, cachés dans le couronnement de l'arc-de triomphe, effeuillent sur leurs têtes une véritable pluie de pétales de roses et de marguerite. Ainsi parlait le jeune Bizet :

MADAME, MONSIEUR,

Le Ciel vient d'unir vos cœurs et de consacrer votre mutuelle affection. Rien ne manque à votre bonheur, qui est partagé par vos parents et vos nombreux amis.

Au milieu de cette joie unanime, veuillez permettre à un enfant de vous exprimer les vœux qu'il forme pour votre félicité.

Je demande à Dieu qu'il daigne bénir votre union. Je souhaite que ce jour soit pour vous le commencement d'une nombreuse suite d'années pendant lesquelles le bonheur et la prospérité accompagnent sans cesse vos pas, et où il vous soit donné de goûter à chaque instant les joies douces et pures de la famille. Qu'il vous soit accordé aussi d'être de plus en plus à même de satisfaire cet ardent désir que vous avez de rendre service et de faire le bien.

Telles sont les prières que je dépose aux pieds du Père suprême dont vous méritez les faveurs spéciales par vos talents, votre science, votre piété et vos vertus.

La musique d'Auteuil accompagnait toujours la marche

et donna une brillante sérénade dans le joli jardin de la demeure des jeunes époux. La fanfare de l'Institut des Frères de Beauvais lui succéda. Ah! si les échos du voisinage pouvaient parler, si, comme le phonographe, ils avaient pu enregistrer tous les accords joyeux qu'ils ont alors entendus, que de flots d'harmonie ils pourraient nous redire !

Pendant le plantureux dîner qui, sous la tente, vint fournir des aliments aux appétits aiguisés, les domestiques, serviteurs et employés de l'exploitation de M. Baclé, complimentèrent à leur tour leurs jeunes maîtres.

La première employée disait :

Mon cher Cousin,

La bonté de votre père nous a fait vivre dans l'intimité de votre famille : ses joies et ses espérances ont été les nôtres. Après avoir applaudi à vos brillantes études, nous venons aujourd'hui vous féliciter d'une union qui comble vos désirs.

Soyez heureux, mon cher Cousin, de tout le bonheur dont vous êtes si digne, afin que toujours nous puissions nous réjouir de votre félicité.

Bien chère Cousine,

Ce qui fait le charme de cette maison où vous entrez c'est la tendresse affectueuse, la bonté inépuisable de ma cousine, notre chère maîtresse.

Ici les distinctions de la fortune n'éteignent pas la bienveillance qui honore et l'affection qui encourage, et l'on est heureux de vivre près d'une aussi bonne dame.

Ces sentiments seront aussi les vôtres, ma Cousine, quand vous serez parmi nous.

On nous a appris vos belles qualités, on nous a dit votre excellent cœur, nous vous en félicitons, car vous ferez le bonheur de mon Cousin, notre jeune et cher Maître, et la joie de la famille.

Puisse Dieu bénir votre union et vous combler de ses bienfaits, et si notre dévouement peut contribuer à votre bonheur comptez-y sûrement, ma Cousine ; nos cœurs vous sont acquis.

Daignez, enfin, accueillir nos sincères félicitations dans ce beau jour. Le Ciel, en exauçant les vœux que nous formons pour vous, ne fera que récompenser vos vertus et vous rendre le bien que vous faites.

Soyez donc heureuse, ma Cousine, et qu'aucune peine n'atriste votre cœur et n'altère votre félicité.

C'est au nom de tous vos nouveaux serviteurs et servantes que je vous prie d'accepter ces fleurs, emblème de vos perfections.

Un autre employé disait :

MADAME, MONSIEUR,

Une nouvelle existence vient de commencer pour vous. Aujourd'hui, vos cœurs ont consacré solennellement devant Dieu leur ardente et mutuelle affection en s'unissant pour toujours.

De toutes parts, la joie et le bonheur vous environnent. Vos parents et de nombreux amis s'empressent de demander au Ciel qu'il vous comble de ses faveurs.

Qu'il me soit permis, en cette allégresse générale, de venir aussi ; au nom de toutes les personnes occupées dans la grande et belle exploitation de Saint-Quentin, déposer à vos pieds un modeste tribut de félicitations et de souhaits.

Vous êtes enfants d'honorables familles dont chacun proclame la modestie, la piété et l'inépuisable bienfaisance. Vous avez été formés à la triple école de la vertu, de la science et de l'art délicat de faire le bien en secret. Des voix plus autorisées que la mienne ont dit, mieux que je ne le saurais le faire, vos mérites et vos nombreuses qualités. Du moins, j'oserai affirmer qu'à Auteuil et même dans notre canton, si ce n'est peut-être plus loin encore, on fonde sur vous les plus belles espérances; et, nous en sommes convaincus, ces espérances seront bientôt réalisées. Alors, nous vous verrons chaque jour recevoir le juste tribut de la gratitude, qui ne manque jamais d'être acquise à ceux qui font le bien.

En ce beau jour, nous prions le Tout-Puissant de répandre ses grâces et ses bénédictions sur votre union; nous conjurons le Souverain Arbitre des destinées de vous accorder ici-bas une longue suite d'années heureuses et prospères, afin qu'après avoir fait la joie et la consolation de vos bons pères, de l'excellente mère, qui vous bénissent et dont vous êtes le seul et unique espoir, il vous soit donné aussi de bénir vos enfants et vos petits-enfants.

Tels sont les vœux que forment nos cœurs. Acceptez-en, comme un faible gage, ce petit bouquet, humble offrande de notre affection et de notre reconnaissance.

Vers la fin du dîner, une délicieuse soirée musicale fut donnée par les soins de l'infatigable Frère Eugène. Avec le concours des artistes qu'il avait amenés et que la discrétion nous empêche de nommer, avec ses élèves et leur fanfare, il nous fit savourer encore de bien belle musique. C'étaient des passages du *Rotrou* de Guilbert, de la *Sémiramis* de Rossini, du *Tancrède*, du *Guillaume Tell* (duo pour flûte et clarinette), un air varié pour clarinette de Berr, *Marco Spada* d'Auber (flûte), un air varié pour piston de Chapelle, etc., etc. Et en passant je ne puis m'empêcher de m'écrier : Quel homme que ce Frère Eugène, quel aimable religieux pour savoir ainsi faire plaisir à ceux qu'il honore de son amitié. Comme il sait se dépenser pour Dieu, pour l'agriculture et pour ses amis !

La journée finit par un feu d'artifice.

En terminant, qu'il me soit permis de payer un juste tribut d'hommage à ces bonnes populations de Fresneaux, de Berneuil et d'Auteuil. Comme elles ont noblement témoigné leur affectueuse sympathie à ces deux excellentes familles, qui ont toujours su aussi allier et porter bien haut les drapeaux de la religion, de l'honneur, de la bienfaisance et de l'agriculture. Comme on sentait, à la spontanéité des démonstrations, que ces familles avaient dû bien mériter de leurs concitoyens.

Jeunes époux, permettez à un ami sincère et dévoué de vous dire : Soyez les imitateurs de vos pères.

www.ingramcontent.com/pod-product-compliance
Lightning Source LLC
Chambersburg PA
CBHW062002070426
42451CB00012BA/2548